만인시인선·50

# 서른 여섯 편의 사랑노래

박진형 엮음

# 서른 여섯 편의 사랑노래

만인사

# 시를 품은 사랑이라니

KBS TV 설특집 다큐멘터리 「히말라야를 그리다」를 보았다. 60대 중반의 곽원주 화가가 히말라야 14좌를 답사하고 실경산수를 그리는 과정을 담은 다큐였다. 마흔이 넘어 한국과 일본, 중국의 산을 그리기 시작한 화가는 회갑 무렵 히말라야 설산을 그리겠다는 원(願)을 세우고 실행에 옮겼던 것이다. 4천미터 이상 히말라야 고원을 트레킹하고 전망 좋은 곳에 터억, 자리를 잡고앉아 스케치를 하였다. 시샤팡마 설산 앞에서 두 손을 모으고 "신이시여! 저에게 히말라야 14좌를 다 그릴 수 있게 해주셔서 고맙습니다, 감사합니다"를 연발하며 눈물을 흘리는 노화가의 모습은 감동 그 자체였다.

내가 처음 만인시인선을 기획하던 때는 IMF로 나라꼴이 뒤숭숭하던 무렵이었다. 출판사를 처음 열고 기업체의 카다록과 사보, 학교 일 등으로 그런대로 자리잡아 갔지만 마음 한 구석은 늘 허전하기만 하였다. 어느 새벽, '나는 과연 출판인으로서 할 수 있는 일이 무엇인가' 곰곰히 되씹어 보았다. 그리하여 만인시인선을 기획하고 1년에 5권씩 50권을 만들겠다는 원을 세웠다. 그 저변에는 내 첫시집이 서울의 메이저 출판사에서 힘겹게 낼 때가 떠올랐기 때문이었다. '그래 지역에서도 이런 시리즈 하나쯤 가져도 좋지 않겠느냐'고 스스로 다짐하였다. 그리고 10여 년, 드디어 50권의 종착점에 다다랐다. 히말라야 열네 봉우리를 다 그리고자했던 노화가처럼 시간의 무게는 그 무엇으로도 바꿀 수 없는 금강석이다.

만인시인선 50권 기념시집 『서른 여섯 편의 사랑노래』를 펴낸다. 1권 이하석의 『高靈을 그리다』에서 49권 『여성현대시조 21인선집』까지 벽돌 한 장, 한 장을 쌓아올리는 공력으로 터벅터벅, 묵묵히 견뎠다. 기념시집은 4권의 사화집은 빼고, 서른 여섯 분의 사랑시 한 편씩 가려뽑아 『서른 여섯 편의 사랑노래』를 엮는다. 영원한 생의 주제인 사랑시에다 시인의 숨결이 느껴지는 산문도 가비얍게 곁들인다.

만해는 "님만 님이 아니라 기리는 것은 모두 님이다"고 하였다. 사랑의 대상은 정현모주, 그 분, 그대, 당신, 아내, 너, 연인, 어머니, 소녀, 흰달, 바다, 루체비스타, 장미 등 다양한 변주의 대상어로 나타난다. 그러나 사랑은 아무리 풀어내어도 풀어낼 수 없는 갈증이며 허기이다. 박주일 시인의 시구처럼 "여울지는 물빛이여 그 영원"이다. 시를 품은 사랑이라니, 시의 행간 속에 교묘하게 숨겨둔 사랑의 비의를 들추어내어 한 자리에 앉히는 묘미란 편집자로서 오롯한 기쁨이었다.

문학은 불온하다. 시는 시대를 거슬러 가고자 하는 경계인의 의지이며, 세상과의 불화의 소산이다. 누군가 불모의 사막에서 피는 선인장이 더 화려하다고 했던가. 편집자로서 만인시인선이 불모의 지역 한계성을 뛰어넘어 한국시문학의 길라잡이 텍스트로 오래 살아남기를 염원한다.

만인시인선과 50권 기념시집 속에는 일생 동안 묵묵히 시의 불꽃을 지피며 한국문학의 기둥이셨던 박주일, 권국명, 조행자 시인이 애석하게도 유명을 달리하였다. 이 자리를 빌어 삼가 명복을 빕니다.

2014. 봄

박 진 형

## 차 례

| 책머리에 |

## 차 례

차 례

# 서른 여섯 편의 사랑노래

# 처음 사랑

처음엔
처음엔 크게
통한 듯 크게
처음 통한 듯

해 먼저 비치는 봉우리
그 푸른 바위 딛고
이비가가 하늘에서 내려왔지
가야산신 정현모주가
그에게 정을 내어 치마 들썩였지

맘 통하면
해가 늘 저 아래서 떠올라선
숲으로 들듯
정현모주는 항아덤에 풀잎 깔고
이비가 이끌었네
또는 하늘의 구름이 부추겨서
가야산이 끓어올랐지

下界의 꿈이 그렇게 잉태됐네
가야산 돌들 우뚝우뚝 서서 우르르르
저 아래 내려갈 계단을 만들었네
이비가는 구름 뚫고 다시 하늘로 올라가고
정현모주는 힘 주어 치마 부풀려
아이 둘 낳아
계단 아래로 내려보냈네

내려가는 계단이 바로 올라가는 계단이라서
여기 사람들 지금도 기야산 오르락내리락하며
제때 아이 받아 키우며 사네
전쟁 땐 그 계단으로 빨치산도 내려왔고
그보다 오래 전엔 수많은 經들도 져다올렸네
때론 숨은 사랑 찾아서
산 헤매는 이들 여전히 있네

---

* 대가야국 건국 신화가 전해온다. 가야산신 정현모주(正見母主)와 하늘의 신 이비가가 감응하여 두 아들을 낳았다. 대가야왕 뇌질주일과 금관국의 왕 뇌질청예, 곧 이진아시왕과 수로왕이다.

당연히 시는 과거의 재현이나 추억, 상념에만 머물 수 없는 것. 그 재현과 추억, 상념은 현재에 의해 되살아나거나 현재의 삶을 간섭하여 현재를 전복하는 새로운 계기로 작용되어야 한다. 요컨데 지금의 상태를 흔드는 일로 저질러져야 한다. 시는 삶을 말로 드러내는 것이기 때문이다. 그래서 나는 고향의 산과 들에 스민 신화보다는 지금도 여전히 이곳 사람들에게 반영되고 질척대는 그 신화성을, 아픈 역사의 단면 보다는 그 기억으로 아픈 현실을, 고정된 풍경의 기억보다는 그 기억이 흔들어 비치는 다양한 반영의 풍경을 더 드러내려 애쓴다. 고향의식이라는 것도 역시 우리 삶의식의 한 단면이며 방편이며 설정일 수밖에 없기 때문이다.

—「서문」에서

# 물빛, 그 永遠

바람과
물들이 잘 사귀어
단짝되더니
마침내
한 몸이 되어
반짝반짝 반짝거리면서
끝없이 흘러 가 닿는
그 어데쯤에
다시금 이어지고 이어지면서
여울지는 물빛이여
그 영원.

어느 해 여름날, 전북 고창 선운사에서 미당 형님과 합류하여 변산반도를 두루 밟아 본 적이 있었다. 그때 변산 바닷가에서 형님이 가르쳐주신 수영이 요 개구리 수영이다. 날은 무덥고 땀은 흐르고……. 나는 주위를 살필 것도 없이 옷을 홀랑 벗고 물 속으로 냉큼 잠수해 들어갔다. 이때 형님께서는 "위험하다"하시면서 지도해 주신 게 요, 개구리 수영이다.

개구리 수영이란 두 손으로 귀와 코를 꽉 틀어막고서는 그냥, 얕은 물가에서 물 속으로 퐁당 내려앉았다가 이내 물 위로 쏙 올라오고, 다시 물 속으로 내려앉았다가 간 다시 올라오고……. 열심히 이 노릇을 계속 되풀이한 것이다.

—「개구리 수영」에서

# 젊은 연인들

잠이 오지 않아
다시 외투를 걸치고 나왔는데
밤 공기가 제법 차다
남경대학 기숙사 뒤편 컴컴한 공연장 입구에서
서로 꽉 부둥켜안고
한 몸뚱이가 되어 있는 젊은 연인들이 있다
빛 바랜 공산당 구호가
어지럽게 바람에 날리는 게시판과
밤공부를 하다 출출해진 학생들이 늦은 밤참을 먹는
교문 앞 휘황한 식당골목을 돌아서
다시 영빈관 쪽으로 오며
나는 시계를 본다
자정이 후딱 넘어 시간이 어느새
새날로 바뀌었다
나는 흘깃 공연장 쪽을 본다
그들이 잘 보이는 플라타너스 아래 벤치에 앉아서
공연히 담배를 꺼내문다
저 젊은 연인들은
그대로 밤을 샐 작정인가

그 날 밤, 나는 상운암의 바람 소리를 귓전으로 들으며 내가 내일 온 종일을 걸어가야 할 산행길을 더듬어 보았다. 오늘 걸어온 길은 대비사 북쪽 계곡으로 팔풍재까지 올라와 능선길을 타고 딱밭재를 지나 상운암까지 겨우 더듬어 왔다. 내일은 다시 상운암 뒤편의 운문산(雲門山) 정상을 올랐다가 아랫재로 빠져서 가지산(加智山)을 거쳐 운문령(雲門嶺)까지 걸어가야 하는 장대한 길이다. 나는 산길을 걸어가면서 험한 세상길을 걸어가는 연습을 하고 있는지도 모른다. 소주의 취기에 얼큰한 상태로 앉아서 놀다가 드디어 잠자리에 들었다.

—「길에 관한 명상」에서

# 너는 붉게 흐른다

너는 나를 향해, 내 몸을 향해, 내 가슴을 향해, 내 가슴 속을 향해, 그 속의 살을 향해, 속의 살을 지나 붉은 심장을 향해, 심장 속의 심연을 향해, 강한 비바람으로 와서, 젖은 회오리로 와서, 화약 냄새 뒤섞인 폭우로 와서 순식간에 나를 적시고, 젖은 몸 속을 뜨거운 불의 걸음으로 뚜벅, 걸어 들어와, 뇌관처럼 위태롭게 헝클어진 핏줄을 밟고 마구 지나가면서, 희고 붉게 솟구치는 섬광과도 같은, 무수한 꽃송이 폭죽처럼 터트리면서, 비에 젖는, 회오리에 감기는 이 어질머리, 도수 높은 술 같은, 독약 같은, 내 몸 위로, 내 몸 속으로, 거센 폭우로 둥둥 북치며 내려, 나를 적시며 불의 물너울로 붉게 흐르고 있는.

흐르는 강물을 향해 말을 걸어 볼 것이다. 강물과 몸을 뒤섞고 있는 물안개를 향해, 구름을 향해, 노을을 향해, 달을 향해, 별을 향해, 바람을 향해, 나무를 향해, 산을 향해, 각시붕어를 향해, 수달을 향해, 멧돼지를 향해, 꿩을 향해, 갈풀과 여뀌꽃, 어리연꽃을 향해 말을 걸어 볼 것이다. 탑을 향해, 기차를 향해, 배를 향해, 빌딩을 향해, 자동차를 향해, 컴퓨터를 향해, 지하철을 향해, 엘리베이터를 향해 툭, 툭, 말을 걸어 볼 것이다. 그들의 어깨를 흔들어볼 것이다. 그들 속으로 깊이 걸어들어가면서 그들의 대답과 표정과 동작을 기록할 것이다. 내가 사랑하는 것들을 향해 손을 내밀 것이며, 가슴을 열 것이다. 온몸을 들이밀어 그들의 맥을 짚고 체온을 재면서, 그 맥박과 체온으로 내 몸의 오랜 병을 다스릴 것이다.

—「금호강에서 쓴다」에서

# 꽃과 질그릇

1

그대 꽃집에 와 꽃을 고르실 때면
나는 그저 벙그는 열망에 불붙는, 그러면서 활짝 피지는 않고 힘 주어 막 피어나려는 순간에 멎은,
그대 눈 침침할 때면 그제사 폭싹 재가 되는,

2

그대 내 생각의 저 안켠 대숲그늘 서늘한 한 채 절간이라면
내 그리움은 글쎄 그 절간 들목 어디 억새꽃 자지러진 산자락쯤 되랴
그것도 단청이 낡은 채 기웃대던 하늘가에

3

내가 끝내 한 개 그릇으로, 그릇이래도 이 빠진 질그릇으로나 와 앉기까지
가을은 또 몇 번씩의 천식을 앓으며 저 샐비어 꽃밭에 불이나 지피다 가고,
더러는 투정조로 울며 투정조로 달라붙고,

*

시— 들끓는 언어의 똥통. 승천하는 한 마리씩의 구더기. 오오, 현란한 춤.

*

길을 가다가도 향내 나는 것은 다 훔친다. 눈부신 것은 다 훔친다. 그런 가운데도 이른 봄빛에 움트는 눈록빛 새싹. 예컨대 산수유 꽃 지고 엄지 손톱만하게 돋아나는 어린 잎의 乳香, 또 그런 경이.

*

환상은 사기 접시와 같다. 잘 닦아 놓으면 반짝거리지만, 던지면 깨진다.

—「매화와 휘파람새」에서

# 편지

원고지 뒷장에 덜어진 마음 자락
함께 건넌 징검다리 징검징검 뛰어넘어
만연체 문장 속에서 머리채 풀고 있다

그 이름 불러놓고 눈물 먼저 핑 돌아
커서도 가다 말고 훌쩍훌쩍 떨며 선다
간결체 문장으로는 다 못쓸 답장 한 통

똑또기 터트리기를 통해 좋은 시인의 모습도 유추해 낼 수 있다. 시인은 이 세상에 똑또기처럼 존재해야 한다. 순수를 지켜가야 하고, 숨기는 것 없이 진실을 드러내야 하기 때문이다. 똑또기가 원형을 보호하고, 투명하여 속을 다 드러내놓는 것은 분명 시인이 갖추어야 할 덕목이다. 또한 사고의 유연성, 함께 있지만 다르게 존재해야 할 것 등의 여러 가지를 유추해 낼 수 있다. 순수를 지키려는 의지가 없는 사람이, 진실 드러내기를 주저하는 사람이 시인일 수는 없다.

—「똑또기 시론」에서

# 달빛에 젖은 모란꽃잎

밤마다 문 앞에서 붉은
눈물 뚝. 뚝. 떨구더니
오늘 아침
기어이 바람 같은 실비 맞고
알몸으로 나앉는구나 나도
너처럼 훌훌, 젖은 옷 벗어 던지고
흙마당에 벌렁 누워
햇빛 삼키고 달빛 품으며
맑은 이슬까지도 빨아들여
널 피워 보고 싶은데,
넌 숨죽여 흐느끼더라도
난 네가 그리운데,
푸르디푸른 이파리 아래로
후두둑, 진한 향기만 뿌리는구나

나는 한때 시를 그만 쓸까도 생각했다. 더는 시에 대한 열정도 욕망도 일어나지 않았기 때문이다. 정말로 시시한 게 시라는 생각이 들었다. 엄청난 오만과 편견으로 똘똘 뭉쳐져서 칩거의 날들을 보냈다.

시인이 되고 싶어했던 날들이 수치스러워서 죽을 것만 같았다. 그러면서 깨달았다. 좀더 겸허해져야 한다는 것을, 즐겁게 일상을 받아들여 노래할 줄 알아야 한다는 것을. 왜냐하면, 시는 일상이기 때문이다. 생활 속에서 일어나는 일련의 사건들, 우연히 눈에 띈 사물들이 시인을 만났을 때 시가 되는 것이므로, 일상을 벗어난 시와 시인은 존재할 수 없다고 본다.

—「사진 속 세계」에서

# 너에게

자루 터져
와르르 쏟아지는
수천 수만의 붉은 팥알 같은
무텐위 골짝 골짝 복숭아꽃망울을
호금이나 호적으로도 멈출 수 없는
목숨 같은 사랑을
어느 황제인들 가로막을 수 있었으랴
제 육신 밀고 끌고
성 넘어가는
나비들의 한없는 떨림을
절벽을 긁어대는 햇별의
갈증인 영혼을

소백산에 달라붙은 주먹만한 별들이 천개의 눈으로 세상을 바라본다. 그렇다. 고방산과 주마산은 내 눈이며 심장이며 귀이고 입이다. 나의 모든 언어는 고방산과 주마산의 이미지를 통하여 나온다.

내 안에 고방산은 일치를 꿈꾸는 나이고, 주마산은 나로부터 탈주를 꿈꾸는 나이다. 그러니까 나는 나와 함께 하나 됨을 꿈꾸면서 나로부터 혁명을 꿈꾸는 나이다. 그래서 나의 시적 세계관은 일치를 위하여 그 세계로부터 탈주를 꿈꾸는 한천사를 짊어지고 날아가는 나비와 같다.

다시 비유로 말한다면 거대한 소백산에 포위된 이름 없는 풀꽃들이 자신들이 포위되었다는 것을 알고 그로부터 탈주를 위하여 꽃을 피우고 풀씨를 터뜨려 공중으로 날리는 그 은밀한 꿈같은 것이다.

—「고방산과 주마산」에서

# 그 집에 갔었네

겨울 남도 비 내리네
수상한 몸짓으로 도두라진 젖망울
동백숲엔 벌써 內密하네

붉은 혀들이 모여
그 집은 여전히 불 켜두고 있네

여전히 비에 젖어 눈빛 풀리는
방호창 창살 심지 돋운 호롱불

시간이네 시간이네
시절 풀려 내리네

바위 위로 뛰는 밤 청설모
동백망울 가끔씩 간지르고 있네

바람이 나무 가지를 살랑살랑 흔들어댄다. 나무는 온통 긴장한다. 바람은 고도의 힘으로 나무를 뒤흔든다. 실제 바람은 언어다. 언어의 위력은 바람 중에서도 태풍에 버금하다. 말은 풍경의 선험적 지각을 건드리기도 하고, 풍경의 내밀함을 밝혀내기도 하고, 미래의 꿈을 예감하기도 한다. 말의 위력은 풍경의 결핍을 자극하고 지각하게 한다. 그 지각은 즉각적이고 직접적으로 또 다른 지각을 불러오고 말이 가진 고정관념의 기억으로 작용한다. 심리에 작용한, 그래서 팽팽한 긴장의 들판으로 우리를 내몬 것은 바람이 가진 풍경에 대한 의식이다.

—「풍경에 서열 매기기」에서

# 첫사랑

천등산 끝자락에서
가서 오지 않는 너를 기다린다

박하 향기 아득한 시간의 터널 지나
푸른 기적 달고 숨가삐 달려 와서
내 생의 한복판 관통해 간
스무 살의 아름다운 기차여!

너를 마지막으로 보낸 낙동강가에 와 있다. 素菊, 강변에 둘레둘레 피어나던 그 해 겨울. 미루나무에 매달린 까치집은 강물에 투신했는지 하늘은 빈 쪽박 차고 있다.

네가 반의 반나절 머물렀던 강기슭 옮겨 다니면서 오늘도 그리움의 촉수 뻗어 강바닥 모래알 헤집는다.

사랑과 비애, 그리고 절망의 이름으로 서쪽 하늘에 걸려 있다가 강물 속으로 사라진 개밥바라기에게 첫시집을 바친다.

—「자서」에서

# 이런 봄날, 수양버들

봄날도 이런 봄날 머리칼을 새로 빗고
너울, 너울너울, 너울너울 너울대는
그녀를 보면 괜시리, 마음이 이상해져.
만약 그렇게 해도 죄가 되지 않는다면
살며시 뒤로 다가가 눈을 가려 보고 싶어
아니야, 앞으로 다가가 머리를 묻고 싶어.
설령 그렇게 하면, 죄가 된다 할지라도
살며시 뒤로 다가가 누구게? 묻고 싶어
아니야, 앞으로 다가가 와알칵 안고 싶어

짧으면서도 긴 여운을 거느리고 있는 시, 가락이 펄, 펄 살아 있어서 술술 읽혀지고 외워지는 시, 시가 진지하다 못해 딱딱하게 굳어져가는 시대에 이왕이면 쉽게 이해되고 저절로 웃음이 나오기도 하는 시, 이게 정말 시야?라고 생각되면서도 시가 아니라는 증거를 그 어디에서도 찾을 수 없는 시…… 이런 시를 찾아서 헤매었던 흔적들을 여기 이렇게 두서없이 한자리에 모아보았다.

무슨 할 말이 더 있겠는가. 혹시라도 인연이 닿게 되거든 그저 웃으면서 읽어주시길!

—「시인의 말」에서

# 허전한 인사

아내가 옷장 정리하다 십년 넘은 양복을 이제 버리자고 한다. 두어 벌의 새 양복이 옷장에 걸리는 동안, 한 번도 입지 않은 양복을 버리자고 한다. 털이 다 빠지고 소매 낡아 몸에도 맞지 않는다. 어깨가 좁고 소매가 달랑 올라붙었다. 뿌리양복점이 문 닫은 지 이십년이 지났는데, 옷장에는 아직 뿌리양복점이 걸려 있다. 안주머니에 뜨겁던 젊은 날이 아직 남아 있으려나. 비닐봉지에 싸여 구석으로 밀려난 양복을 꺼낸다. 휑하니 불어오는 바람의 문을 닫는다. 젊은 날 수고 많았다.

몇 년 동안 두메산골에 들어가 살았다. 생활에서 시시비비를 따지지 않고, 이념에서 해방되어 아이들을 상대로 얄팍한 지식만을 파먹고 살았다. 그래도 행복했다. 아침에 일어나면 까치들과 먼저 인사를 하고 계곡을 건너온 바람과 손을 잡으면 나무들과 들꽃들이 반겨주었다. 산이 넓은 가슴으로 품어주는 마을에서 사람들과 어울려 사람 냄새 풍기며 살았다. 살아가는 이야기가 시라면 비유나 상상, 문학적 기법과 장치가 그렇게 중요한 것이겠는가.

—「자서」에서

# 몸經인 너

너를 내 안에 구겨넣고
부시럭거린다 한 백년쯤 부시럭거리다
내어놓으니 내 몸이 유등 연지다

삼천대천 물 속에 다 잠그고
달그락거리는 연밥처럼
몇 생을 걸쳐서도 다 읽지 못할
몸經인 너

두 손 감싸쥐어도
노래가 빠져나간
붉디 붉은 울음의 流燈 켜 들고
너는 거기 오래 서 있다

너라는 이름으로 시를 빚는다. 시는 깨달음이며 자각이다. 만해는 '님만 님이 아니라 기리는 것은 모두 님'이라고 하지 않았던가. 너는 자유이며 구속, 너로 하여 나는 비로소 시인이 된다.

너는 내 안에서만 꽃핀다. 아니, 나는 네 속에서만 꽃피는 자유이다. 절대고독인 너, 죽음마저 초극한 절대언어인 너, 지층 깊숙이 새겨둔 화석의 언어를 꺼내어 너를 빚는다. 쉼표도 마침표도 다 지운 생 속에.

—「너라는 매혹의 시」에서

## 눈이 비처럼 내리는 바다

눈이 비처럼 내리는 바다로 가서 돌아오고 싶지 않을 때가 있었지 술렁이는 바람 속, 세상에서 받은 내 상처는 많이 아프다가 아물었고 나는 거기에 오래 있지 않았네 내 사는 곳 동쪽에서 바람 불어오면 나는 작은 배처럼 흔들리지만 빌딩 사이 골목에서 들리는 바람소리도 바다소리 같다고 그걸 누구에겐가 이야기해줄 줄 알아서 내 상처는 쉽게 아물지 바람 속으로 눈 냄새, 그물 깁는 냄새, 물고기 비늘 같은 냄새 섞여오면 다시 새로운 상처가 생기지만 치유하는 방법을 바람도 나도 알고 있지 내 사는 곳 동쪽에서 끊임없이 바람 불어오면 고물도 이물도 모르는 사람들을 위하여 나의 배, 비처럼 줄줄이 흐르는 눈을 받으며 새 바다로 떠나는 아름다운 나의 배를 보여주려 하네 내가 태어나 자란 곳은 동해안의 호미곶 부근에 위치한 조그만 마을이다. 몇 백년을 묵은 듯한 해송숲은 바닷바람에 밀려 육지 쪽으로 죄다 기울어져 있다. 솔잎이 높은 나무 꼭대기에만 남아 흐리고 바람 부는 날이면 아주 조금만 울 뿐 옛날처럼 울창하지는 않다. 그러나 그 소나무숲엔 요즘 사람들은 도저히 이해하지 못할 이상한 애총이 더러 있었다. 죽은 아이를 강보에 싸고 바구니에 담아 높은 나뭇가지 사이에 매달아 놓은 것이었다. 보름달이 뜨는 밤이면 아기를 잃은 어미가 소나무 아래 엎디어 슬피 우는 소리가 파도 소리와 함께 간간이 들려오곤 했었다.

—「어둠의 빛깔은 변한다」에서

## 그 여자가 사라진 쪽

어둠 내릴 때 당신은 어둠의 깊이를 재 본 적 있으세요? 그 여자가 내게 물었을 때 대답 대신 그 여자의 머리칼에 묻은 그늘의 무게를 달고 있었다 푸석한, 윤기 없는 머리칼은 분명 바람에 날아갈 듯 가벼울 거라 생각하며 당신 내게 관심 있으세요? 다시 물어왔을 때 난 어느새 어둠에 밀려 사라지고 있는 노을의 끝자락을 보고 있었다 노을은 이제 곧 더 깊은 어둠 속으로 빠져들 게다 그 여자의 푸석한, 윤기 없는 머리칼과 함께 당신 참 무심한 사람이군요 저기 흩어지는 노을 좀 보세요 노을이 어둠 속으로 빠지고 있잖아요 아주 무겁게 그때사 그 여자가 노을에 묻혀 어둠 속으로 사라지고 있는 게 보였다

어쨌거나 나는 오늘도 시를 쓴다.

물질이 정신을 지배하는 사회 속에서 시를 쓰고 있다는 게 소모적일지 모른다. 그런데도 시 쓰는 일을 그만둘 수 없으니 나는 시대 속에서 밀려난 인물일지 모르겠다. 그러나 처음부터 시를 써서 밥이나, 옷을 얻고자한 것은 아니었으니 물질적 도움이 되지 못한다는 건 그리 서운할 일이 아니다. 이 시집 속에 담긴 시 중에서 다만 몇 편이라도 독자에게 감동을 줄 수 있다면 참으로 큰 위안이 되겠다.

—「오늘도 나는 시를 쓴다」에서

## 연꽃과

올 여름 내 마음은 투명한 옥색으로 더욱 맑아졌습니다. 넉넉한 호수처럼 하늘에 구름을 띄우고 아침으로 벙그는 연꽃도 못물 위에 그득히 피웠습니다.

연꽃과 구름과 하늘의 이 화안한 나날을 나는 아무 근심 없이 내가 기다리는 그 분에게 모두 내어 바칠 수 있을 듯 합니다.

기다리던 그 분이 오시지 않아 이 연꽃과 구름과 하늘이 시들어버리고 말면 나는 또 다른 한 세상에 가서 그 분을 위한 기다림으로 꽃을 피울 것입니다.

나는 시집에 대한 애착이 별로 없다. 내 생각대로 말하면 시집은 사후에 사람들이 필요하면 내는 것이 좋겠다는 생각이 든다. 허나 그것을 또 고집할 수도 없는 일.

깊은 수미(邃美)의 바닥에 묻혀있는 침향(沈香)이 물 밖에 나와 제 몸을 사루는 은은한 향기. 내 생과 시로 찾아 헤매었던 것, 그렇게 살고 싶었던 그것, 오랜 연의(煉意)와 연품(煉品) 후에 찾아오는 한미(閒美)하고 청적(淸適)한 시와 삶을 어디서 찾겠는가.

—「자서」에서

# 방

적적한 웅덩이 같은
내 마음의 방
여름 소나기처럼
느닷없이 후두이는 그대

별 심고, 달 걸고, 산사나무 심고, 찔레나무 심다가
그 별 쓸어모아 팝콘 만들고
달 속에 우물 파고 두레박 내리고
빈 몸 산사나무에 붉은 등 달고
찔레나무 흰 꽃송이 피워내는

요량 없이 장대비 맞은
만수위 웅덩이처럼
해종일 출렁이는
나는

산골을 떠나 회색 콘크리트 도심에 묶여 산지도 몇 십년이 지났다. 그러나 내 기억 속의 소리는 오롯이 남아 있다. 늦은 밤 열린 창으로 들리는 13층 아래 넓은 포도밭 포도잎에 빗물 떨어지는 소리는 온밤 내내 내 잠을 적시고 아련한 기억을 적신다.

계절이 오고 갈 때 어김없이 앞세우던 그 소리들은 지금도 생생하다. 무심코 듣는 소쩍새, 뻐꾹새, 쑥국새, 산비둘기, 풀벌레 소리는 가슴이 먼저 듣고 함께 운다.

지금 내 시의 관절에는 어린날 들었던 온갖 소리가 불켜고 있다. 소리는 소리를 불러 노래의 늪이 된다. 달팽이관 속에 고여 있는 소리는 결코 녹슬지 않는다.

—「소리는 녹슬지 않는다」에서

# 그대 잠드니

그대가 잠드니 해가 졌습니다.
아카시아 피는 소리에 취해
어두운 밤길 걸었습니다.
길의 끝은 그대 꿈 속이지만
언저리만 맴돌다 오는 길은
달빛 하나만으로도 슬펐습니다.
돌아와 앉은 길섶
이름 없는 풀꽃 보며
밤새워 서럽게 울었습니다.
버리고 온 외로움은
새벽녘 안개로 되돌아오고
그대 떠나니
또 다시 해가 졌습니다.

나의 작은 세계에서는 늦가을 저녁놀이 어떤 삶의 절규보다 붉었고 가슴 뛰게 했었다. 숲 속 한 줌 바람이 어느 슬픈 이별보다 가슴 쓰리게 했었다. 그러나 대부분 다 사라져가는 지금, 차마 떠나지 못하고 남아있던 소중하고 따뜻했던 그 무엇들조차도 말없이 외출하거나 얼굴을 바꾸는 날이 잦아진다. 조금씩 내 지난 날을 도둑 맞고 있다고 생각했다. 하오 다섯시의 문턱에 서서, 해 지고 잠 오기 전, 새로운 그림 그리기를 그만 두고 남은 것들의 초상을 남기고 싶다.

—「자서」에서

# 우포늪

늪은, 거대한 늪은 한여름 선방이다
하늘 죄다 가린 오랜 면벽의 시간

두어 척
목선과 함께
하안거 중이다

소나기 긋고 간 자리 바람이 달려오고
안으로 다독여 온 침잠의 수면 위로

지금 막
안거를 풀며
합장하는 가시연꽃

눈을 감고 점자블록을 더듬거리며 따라간다.

발끝의 모든 신경은 블록으로 이어진 길의 흐름을 읽는다. 넉 줄의 방향 표시용 블록이 감지되면 다소 가벼운 발걸음으로 앞으로 나아가지만, 돌출된 몇 개의 원들이 발바닥에 밟히면 이내 멈칫거리며 선다. 아마도 앞에 적색불이 깜박이고 있을 것이다. 블록이 끝나는 지점, 더는 정보를 인식할 수 없어 한 걸음도 더 나아갈 수 없다.

잠시 동안의 혼돈, 급히 눈을 뜬다.

—「점자블록을 따라 가다」에서

# 겨울그저녁의찻집

겨울그저녁의찻집에
서우린그만헤어져그
랬다당신은마시고남
은빈찻잔처럼차가왔
다음악이어깨너머가
득히무너져내리고무
수히빈의자들이어둠
한켠에서몰려와부서
진다무서웠다나는한
숟갈의설탕이녹을때
까지만그의곁이었을
뿐머리의끝이까맣게
타서죽어있는성냥개
비처럼허리가똑똑부
러진채양철재떨이에
한없이떨어져쌓인다

"시간은 전후로 배열되는 움직임의 숫자이다"고 말한 아리스토텔레스식의 시간 개념을 나는 그대로 받아들일 수가 없다.

시간은 〈삶〉과 〈죽음〉 사이에 있는 것이며, 〈꿈〉과 〈현실〉 사이에 있는 것이고, 〈안〉과 〈바깥〉 사이에 있는 것이다.

시계가 처음부터 둥근 모양으로 만들어진 것은 순환적인 시간관에 의한 것이라고 한다. 또 원형 시계는 하늘을 본떠 둥근 얼굴을 하고 있다고 한다.

시간과 시계에 얽힌 다양한 생각을 자연의 영원성과 인간의 유한성을 비교해보는 시각으로 시를 풀어간다면 행간마다 맛있는 꿀물이 넘치게 쓸 수 있을 텐데…….

—「시의 발뒷꿈치」에서

# 그 날 밤의 흰달

깊은 공중 빈터의 어둠을 걷고, 응시의 빛을 끌어 모우는 그대는 그렇게 왔습니다 하루 이틀 사흘…… 밤낮을 지나오면서 만삭을 오르기 위해 스스로의 몸가짐을 허물어뜨리는 모순을 기다리며 왔습니다 묵묵히 세상을 재는 사물들과 나무의 작은 이파리들은 스스로 심지를 낮추고 침묵하는 맛에 길들여져 나 한 개 부스럭거리는 소리조차 靜 밖으로 나직히 밀어냈습니다 그러나 그대는 그것을 즐겁게 이해하며 내게 은밀한 눈빛을 가득 부어 주었습니다 어두운 대기의 여왕 같이 우아했던 가등이 그대의 은은한 포위에 초라해진 까닭은 마을 전체를 차별 없이 어루만진 부드러운 손길 때문이었습니다 그날 밤 그대와는 너무 먼 사람들의 얼굴을 떠올리며 나는 한참동안 고개 끄떡이는 몸짓으로 서 있었습니다

시인이 시의 영원성을 포기하고, 상업성과 결탁하여 한 때의 명성만 누릴 것을 생각한다면 시를 쓰기 위해 바쳐온 노력은 얼마나 허망한, 의미없는 소모가 되겠는가. 시인이면 누구나 마찬가지이듯 나 역시 자주 언어와 영감의 빈혈에 시달린다. 그것에의 탈피를 위해 내부로부터의 변화를 즐긴다. 아니 스스로 변화를 일으키려한다. 그것은 자신의 한계를 뛰어넘으려는 도전이다. 밝은 곳, 건강한 곳, 신선한 곳으로 이끌어 가려는 집요함이다. 그것이 승화란 이름을 달고, 별, 달, 구름, 그것과 유사한 이미지인 햇살등의 수식어로 표출된다.

—「만남, 그 소중한 인연, 그리고 시」에서

## 모든 사랑 이야기들

1

바꿔 말하면 그들은 끝내주는 커플이었다. 그들은 너무나 완벽했다. 보통 인간은 그들과 같지 않았다.

남자 : 세련된, 잘생겼고, 도덕적이고 똑똑하다.

여자 : 세련된, 아름답고, 도덕적이고 똑똑하다.

2

그들에게는 약간의 신기한 우연의 일치가 있었다.

남자 : "바나나 있어요?"

여자 : "네, 왜요?"

남자 : "나의 할아버지는 바나나 껍질을 밟아 미끄러져 돌아가셨어요."

여자 : "바나나는 저의 할아버지가 가장 좋아하는 과일이었어요."

3

그들의 관계는 지적이고 재치가 있었다.

남자 : “재밌어요?”

여자 : “네, 재밌어요.”

4

어떤 사람이 분쟁을 일으키다.

남자 : “어떻게 나한테 그럴 수 있어요?”

여자 : “그건 오해예요.”

5

누군가 그들의 꿈이 실현되도록 도와 주었을 때 그들은 결국 다시 만났다.

여자 : “나의 꿈을 깨닫게 하고 학위를 얻는 데 도움

을 줘서 너무 고마워요."

여자 : "정말 내가 시험 치는 데 큰 도움을 줬어요."

남자 : "그건 아무 것도 아니었어요. 나는 세종대왕의 모든 작품들을 읽었고 청각전기공학 수업에서 배운 방법으로 세종대왕에 관한 정보를 이어폰을 통해 알려줄 수 있었어요."

여자 : "이러한 도구를 구할 돈이 어디 있었어요?"

남자 : "당신을 사랑하기에 내 컴퓨터 게임들을 팔았어요."

여자 : "정말? 나도 당신을 너무 사랑해요."

나는 독특한 작가들을 항상 좋아합니다. 많은 한국 친구들은 이상 시인이 정말 이상하다고 말했습니다. 나는 다섯 편의 시를 쓴 뒤 같은 대학교에 계시는 이광운, 김효신, 이은규 교수님께 보여 드렸습니다. 세 분 교수님은 나의 소설보다 시가 좋다고 이야기했습니다. 지금도 나는 시를 계속 쓰고 있습니다. 언젠가 유명한 작가가 되고 싶습니다.

나는 미국에서 시를 읽지 않았습니다. 미국은 베스트셀러 시집이 없습니다(나는 베스트셀러 시인이 되기를 원하지 않습니다). 미국은 단지 소설 읽는 사람들의 나라입니다. 한국에는 시 독자가 많습니다. 정말 시를 좋아하는 사람들입니다.

마약 중독자에게 "왜 마약에 중독됐어요?"라고 묻는 것은 시인에게 "왜 시를 써요?"라고 묻는 것과 같습니다. "어떻게?"라는 말이 힘들지 않고, "왜"라는 말이 항상 힘듭니다.

나는 한글로 시를 쓰는 시인이 되고자 합니다.

—「시인의 말」에서

# 연인

네 가슴의 서늘한 건반 위에서
재즈의 손가락으로 불꽃처럼
춤추고 싶어, 즉흥적으로

애초에 너는
그리움과 기다림으로
단련된 손가락들의 연인

너의 단아한 흑과 백의 삶을
재즈의 춤추는 손가락으로 어루만져
연주하고 싶어, 총천연색의 음악

너의 돌연한 부름에 詩여, 나는 맨발로 집을 나섰다. 너의 돌연한 부름에 詩여, 나는 아득한 너에게로 망명하고 싶었다. 너의 가슴에 상처의 닻을 내리고 떠돌던 청춘과 갈 곳 없던 쓸쓸함을 너에게 묻고 싶었다. 詩여, 그러나 너는 돌연한 부름만 비석처럼 남기고 너에게 이르는 길엔 안개만 부려 놓았구나.

그리고 내게 남은 건
내 청춘의 무덤과
너의 아득한 목소리
짓무른 맨발과
노래하는 빈손

—「자서」

# 百日紅을 마주치다

꽃 핀 백일홍나무와
붉은 그림자
그 사이를 채우는
붉은 공기 같은

혹은

강 가 목 길게 뺀 마른 짐승과
울음으로 누운
푸른 그림자 그
사이를 채우는
붉은 여름 저녁놀 같은

그런

사랑은

1000 시는 시 이전에 존재한다.

1030 발레리의 말을 변용하자면, 나의 시는 때로는 사유하고, 때로는 존재한다. 시인인 나는 그 사유와 존재의 매개자이다. 그러나(그러니) 나는 내가 무슨 말을 하려고 하였는지 잘 알지 못한다. "그 시가 무슨 의도로 쓰였지?"라고 내게 물을 때 나는 입을 닫는다. 시는, 말은, 단지 나를 말하게 한다. 내가 나의 말을 하려고 버둥거리는 순간, 말은 금언(金言)이 되어 버린다. 시는 금언이 아니다. 시가 혼자서 사유하고 있을 때 너무 보채면 안 된다. 존재하고 싶어 할 때까지 기다릴 것. 시는 시 이전에 존재하므로.

2030 마누라는 내가 시를 쓰고 있으면 안타까운가 보다. 하긴, 나도 내가 안타깝다. 시가 나를 쥐어짠다. 시 쓰는 내내 나는 어둡고, 말할 수 없는, 마음대로 돌아가는 엔진으로 하여 아프다. 고통스럽다. 그런 의미에서 시는 나에게 폭력적이다.

—「詩는 詩 이전이다」에서

# 애월 바다

사랑을 아는 바다에 노을이 지고 있다

애월,하고 부르면 명치 끝이 저린 저녁

노을은 하고 싶은 말들 다 풀어놓고 있다

누군가에게 문득 긴 편지를 쓰고 싶다

벼랑과 먼 파도와 수평선이 이끌고 온

그 말을 다 받아 담은 편지를 전하고 싶다

애월은 달빛 가장자리, 사랑을 하는 바다

무장 서럽도록 빼저린 이가 찾아와서

물결을 매만지는 일만 거듭하게 하고 있다

*

육체의 남은 때, 목숨의 남은 때를 아무도 모른다. 구름과 같다. 바람과 같다. 물결과 같다. 흰나비의 날갯짓과 같다. 하여 그 때에 매여 가만히 앉아 있을 수는 없다. 다함없는 도전, 다함없는 불길 속을 달려가야 하는 것이다.

남은 때가 닥치면 한 방울 이슬마냥 소리 소문 없이 스러질 일이다.

*

쉰을 넘어서도 여태 마그마처럼 속에서 들끓어 오르는 열정과 도전의식을 버리고 있는 이가 있다면 그를 어떻게 보랴. 끝과 맞닥뜨릴 때까지 가고자 하는 그를 대체 어떻게 하랴. 그의 걸음이 끝의 끝에 당도할 때까지 유정히 지켜 볼 밖에 다른 도리가 없지 아니 하랴.

*

오오, 시여.
내 유년의 뜰 학암리.
눈물꽃나비여.

—「눈물꽃나비」에서

# 루체비스타

저토록 아름다운 고백이 또 있을까

그대 앞에 만개하는 수천 수만의 꽃송이

꽃술로 한 소절 세레나데 취한 듯 지어가니

심장을 놓쳐버린 사람의 길 헤쳐서

하늘이 정한 말도 닫고서야 보이는 파열

스스로 낙화를 견디다 전설로 피는 꽃

봄밤, 일본의 어느 공원에서 숨이 막힐 듯한 라일락 향기를 맡은 적이 있었다. 비위에 맞지 않는 저녁을 먹고 겨우 진정될 즈음에 맡은 그 향기에 가까스로 벤치를 찾아 앉았던 현기증.

불 꺼진 방에 앉아 봄밤의 향기를 맡는다. 심장이 터질 것 같다. 아무런 향이 아니어도 봄밤은 내 숨과 맥박을 어지럽힌다. 흑맥주 몇 잔. 봄밤은 흑맥주의 오묘한 빛깔과 향취로 늘 내게 온다.

그 밤, 거리에 나서면 저절로 발길이 닿는 그 집 앞. 불이 꺼지고 사람도 사라지고 없는 그 집 앞을 서성이면서 내 부끄러운 시의 전부가 어느 창 앞에 작은 풀꽃으로나마 피어나기를 빈다.

—「언어의 폐소공포증을 넘어서」에서

## 황혼 연가

저물녘
강은 흘러 몇 만 리
그대 생각한다

풀빛 어둡도록
새떼소리 우거지고
아직 저물지 못하는 저 새들
강물도 시름으로 노 저어 감을 아는가
불붙은 노을의 소맷자락으로
이 저녁 퍼포먼스도 끝나
내 몫의 어둠 껴입고 돌아오는 길
그대 꿈 헤집듯 풀섶에서
개달개비 한 송이 따
입에 문다

저 물 따라 저무는
이 밤도 그대 생각
또 몇 만 리일까

나에게 시는 세상을 바라보는 창이다. 지난 세월 여타 삶에 바쳐지고 남는 시간에 얕은 독서와 생각, 잠깐 잠깐의 여행으로 닦아온 시의 창. 자주 들여다보고 닦지 못해 시여, 미안하다.

과학과 종교의 도그마로 풀리지 않는 세상의 기미를 읽는 시, 우주적 상상의 시, 창조적 통합의 눈과 마음의 시를 위해 다소 늦어진 걸음이나마 오래 걸어가리라.

—「자서」에서

# 사랑초

희디 흰 磁器盆에 자보라 그득 담아
가는 줄기 쓰러질까 물조차 부시어 주니
오뉴월 이마받이하는 나비 같은 잎을 앉히고
붉으락 가을로 달아오르던 잎겨드랑이
연분홍꽃 피고 질 때 서리꽃에 허리 시려
기어이 다지고말아 가녘으로 물렀는데
잎샘에도 오그라든 잎 한 줄기 발라내어
밤마다 달물결에 애잔하게 부친 기도
당신을 버리지 않는 에움길을 찾는다

낮에 창 밖으로 보이는 바다는 신이 내린 축복처럼 늘 눈부시게 아름답다. 바다의 야누스적인 기질을 마을 사람들은 다 알고 눈치껏 살고 있는데 예민한 내겐 끝없는 분리일 뿐이다. 밤만 되면 파도 소리와 파도에 제멋대로 휩쓸려 따라오는 자갈 소리 때문에 신경 세포가 모두 초긴장 상태가 된다. 파도 소리는 소음을 넘어 고통과 두려움이다. 가만히 있는 창을 수시로 건드리는 바람 또한 밤새도록 까닭 없이 나를 괴롭히는 훼방꾼이다.

다시는 그 바다에 가지 않으리라. 내 울음 보태어 염도가 더 높아졌을 그 바다. 언덕을 넘을 때 얼마나 맹세했던가. 그런데 운명적으로 그곳과 인연이 되어 시시때때로 가게 된다.

—「민무늬 사유 물결」에서

# 능소화 연정

고이고 넘친 노을 주체 못할 하늘은
벌려놓은 한 판 마당
변죽만 울리고선

어스름
달빛 뽑아서
감아올린 꿈 하나

은밀한 농담쯤
구름 속에 흘려놓고
찐득한 치잣빛 사연 한달음에 그려놓고

해거름
잽싼 몸놀림
거침없는 월담이다

동강 난 허리 밑으로
육십년을 한결같이 울먹이며 흘러내리고 있는
왜관 철교 밑 저 낙동강물을 종종 멍하니 내려다보곤 하였다.

피난민의 잿빛 가슴을 적시던 그 울음의 물줄기는
비가 오고 바람이 불면
지금도 내 가슴에서 작은 물결을 일으키며 철썩이고 있다.

일찍 떠난 아버지 무덤가로
종가 대숲 서러운 바람이 조용히 머물면
어린 시절 내 꿈은 저 강물에 섞이어 흐르고 또 흘러갔다.

—「시인의 말」에서

# 동강리

반짝이는 강물 보이는 산에 올랐다
신갈나무와 서어나무 사이 오가는
장수하늘소를 볼 수 없었다
햇살이 반쯤 낯설게 쏟아졌고
햇살이 반쯤 낯설지 않았다
멀지 않은 어제만 해도
모래가 반짝이는 강가 양철 지붕은
옷감을 물들이는 반물집이나 과수원이었는데
다께히사 유메지 그림 닮은
속눈썹이 긴 소녀는 보이지 않는다
아픈 사람은 자기 눈으로 세상을 본다는데
산허리 구절초 명주실로 희게 늙어 버렸다
오르간 소리 들려오는 화단 곳곳에
나팔꽃이 환하게 시절 담고 있었고
바람이 흔들며 지나는 풍경에는
먼 어제 강물이 잠겨 있었다

시 앞에서 느끼는 긴장감, 죽을 때까지 이 긴장의 끈을 놓지 않고 시를 써도 제대로 된 시를 쓸 수 없을 것 같다. 시를 볼 줄 아는 눈이 있어야 좋은 시를 쓸 수 있다. 좋은 시를 볼 줄 알아도 좋은 시 쓰기의 어려움을 체험한다. 시의 언어에 유려함이 없다면 시다움이 없다. 시는 짧든 길든 말을 아끼고 아껴야 한다. 겉으로는 수수하고 소박해 보여도 시는 숨가쁜 세상에 대한 저항이 있어야 한다.

유년의 풀밭이 어제인데 고희를 넘었다. 그림자 밟고 다닐 날도 얼마 남지 않았다.

—「자서」에서

## 고운 빗줄기가 살살 내렸다

—고통에 대하여 80

채에 걸러진 것 같이 고운 빗줄기가 살살 내렸다 그 날은 종일 젊은 수탉처럼 자랑스러워지고 말이 많아져 어두운 생각들을 떨쳐내기 위해 일부터 입 밖에 내어 말했다 내가 괴로우면 그대한테 좋고 그대가 괴로우면 내가 좋은 이러한 고통에 말 따위는 아무 필요가 없다는 것을 알고 있었다

그 전에는 활짝 핀 어린 사과나무 같이 아름답고 건강하고 정신도 또렷했지만 이놈의 고통에서는 어떻게도 빠져 나갈 수 없으니 몸에 바짝 붙어 있는 추억이 떨어져 나가길 바라며 몸을 부르르 떨었다 들판의 풀잎처럼 외로워진 나는 장미 가시에 가만히 손가락을 찔리어 보았다

대부분 우리의 기억들은 성찰 이전 단계에서 우리를 인도합니다. 그 기억들이 우리 안에서 피와 살이 되었습니다. 신뢰와 사랑과 용납과 용서와 자신감과 희망에 대한 기억들은 아주 깊이 우리 존재 속으로 들어가서 우리의 기억이 됩니다. 과거를 잊어버리는 일은 우리의 가장 친밀한 선생이 우리의 적이 되는 것과 같습니다. 우리는 고통스런 기억들과 직면하려 하지 않으므로서 우리는 우리의 마음을 바꾸고 회개하는 가운데 성숙할 수 있는 기회를 놓치는 것입니다. 미래에 대한 우리의 희망은 우리의 의식적, 혹은 무의식적 기억 위에 세워져 있습니다.

어떻게 우리의 상처입는 기억들을 치료할 수 있을까요. 먼저 망각의 구석에서 기억들을 끄집어내고 그런 기억들을 우리 삶의 이야기의 한 부분으로 상기함으로써 치유할 수 있습니다. 기억해낸다는 것은 기억하고 있는 일이나 사건들이 은밀한 힘에서 자유로워지기 시작하는 것입니다.

—「기억과 반기억(Anti-Memoirs)」에서

## 사막의 사랑

모하비사막을 지나갈 때 우리들의 사랑이 얼마나 추상적이었나를 깨달으리라. 몬순풍이 불어오는 멕시코만을 향해 묵묵히 걸어가는 선인장들을 간간히 보리라. 울지말아라. 가시투성이 그대가 홀로 남아 사막의 주인이 된다면 기쁘지 않겠느냐. 저 농염의 햇살이 작은 풀잎의 그늘까지 파고들어 오금을 떼지 못하는 뿌리 곁에 누우면 우리의 삶이 얼마나 구체적으로 보이느냐. 우리의 속삭임이 얼마나 분명하게 들리느냐. 그 어떤 뜨거움으로 불러도 껴안지 못하고 그리움 사무친 가시를 매단 채 우리의 사랑은 지금 사막의 중심을 걸어가고 있다.

나도 모르게 갈라파고스로 왔다.

기다림의 세월이 길었다.

아픈 진화의 과정
잠 못 이루던 응시가
저 섬들에게 위로가 되었으면 한다.
—「자서」에서

# 봄마음 · 2

복사꽃이 떨어져서 물 위에 흐른다

흐르는 것이 무엇이기에

불현듯 가슴이 더워 오는가

너도 가고 나도 가고 다 떠난 자리

미나리 파란 싹이 돋아나 있다

꽃이 아름다운 것은 지는 아픔이 있기 때문이며, 사랑이 아름다운 것은 이별의 슬픔이 있기 때문이다. 복사꽃은 졌지만 아직도 앞뒷산 구릉과 비탈에는 늦게 핀 산벚꽃과 조팝꽃들이 희고 붉게 산을 밝히고 있다. 들에는 민들레며 꽃다지며 좁쌀 같은 작은 풀꽃들이 세상을 아름답게 장엄하고 있다. 대자연의 신비 앞에 아무리 무심하려 해도, 계절의 순환과 오묘한 생명의 질서 앞에 가슴이 벅차오르고 눈물이 솟구치는 병은 어쩔 수 없다.

오늘 뒷터에 구덩이를 파고 호박을 심었다. 마을을 한 바퀴 돌다가 어느 집 담장 아래 심어놓은 호박 모종을 보고, 시기를 놓칠세라 몇 포기 옮겨와 서둘러 심은 것이다. 산촌에서는 늘 있을 수 있는 그렇고 그런 일이지만 무슨 큰 일을 하나 해낸 것처럼 뿌듯했다.

—「대근 엽채 일급의 마음을 찾아서」에서

# 음악

너를 안고 활을 밀면
세포마다 사방연속꽃무늬로 퍼져나가지

서로의 파동이 화답하는 순간
따스한 햇볕처럼 영혼에 스미고

그 시간 짧으나 존재를 관통하기에
영원과 순간이 맞닿아 하나가 되지

뜨거운 숨, 뼛속까지 공명하고
능선과 골짜기 따라 피리소리 날아오를 때
슬픔과 기쁨, 죽음과 생명이 한 줄 현 위에
있으면서 동시에 없고

떨림이 멈추어 찾아온 고요
이미 음은 세포 속에 스며 있어
우리 삶의 바닥 지탱해주는 노래가 되지

언젠가 양자론이 '시'로 내게 다가왔다. 양자론에 의하면 반생반사의 고양이, 슈뢰딩거의 고양이는 관측하기 전까지는 죽은 상태와 살아 있는 상태가 공존하는 셈이며, 관측이란 미시(微示) 입자가 '거시적인 흔적'을 만들어내는 것이다. 미시세계에선 많은 상태가 공존하고 있으며 그 후 실제로 인간이 어떤 상태를 관측할지 정해져 있지 않다. 최근에 알려진 바로는 진공은 텅 빈 공간이 아니며 진공이 가진 에너지의 요동에 의해 소립자가 여기 저기 생겼다 사라진다. 에너지가 물질을 만드는 재료이고 공간이 늘어나면 에너지도 늘어난다. 초기 우주는 물질과 시공간이 없는 상태이므로 텅 빈 진공이 아니라 무와 유 사이에서 요동치고 있었다. 이것은 바슐라르의 이 말과도 통한다. 원초적인 우주적 몽상에서 세계는 인간의 몸이고 인간의 시선이며, 인간의 숨결이고, 인간의 목소리이다. 우주적 이미지를 보면 인간의 말은 인간의 에너지를 사물의 존재 속에 주입하는 것 같다.

—「우주적 몽상과 시」에서

# 어째서 장미는

어디서 장미는 향기를 가져오지
리본도 달지 않았고
레이스 자락도 걸치지 않았는데
어디서 그 꿈의 색을 사오지
어디에 장미 키우는 지하창고가 있는 거야
꿈 속의 방이 있는 거야
어째서 온 생을 한 칸의 방으로 만드는 거지
어째 그 사랑이
향기도
빛깔도 없이
전봇대처럼 눈먼 사랑이
불꽃 하나 켜들고 온 생 불사르는 거지

너는
교회에 사는 가난한 쥐처럼 떨고만 있는데
어째서 장미는
네 혀에서 피어났지

어머니라는 말로 어머니를 지칭하는 순간, 대상으로서의 어머니는 없다. 말은 사물 자체가 아니다. 말이 그 사물이라고 생각하기에 어머니라는 말 속에 어머니라는 대상을 담을 수 있다고 생각한다. 어머니라는 말을 껴안을 때 그 안에 어머니는 없다.

어머니를 껴안았다고 생각한 것은 환상이고 환각이다. 어머니라는 말의 개념은 의미이다. 그 없는 공간, 비어 있는 공간이 욕망을 만든다. 이때 우리가 명명하는 순간 결핍이 나타난다.

어머니란 말을 껴안으니 아무것도 없듯이 당신이라는 말을 껴안아도 그 안은 텅 비어 있다. 그 비어 있는 공간에 또 다른 무엇으로 가득 채우려든다. 다른 무엇을 채워야 한다는 강박에 무의식적으로 대체욕망, 욕망을 채운다. 언어가 없으면 욕망도 없고, 상처도 없다.

—「검은 맛의 향기」에서

# 가을 섬

당신의 뒷모습 보고 난 섬이라고 했다
바람 한 점 새 한 마리 키우지 않는 무인도
낙엽만
물살로 앉고
부서지는 높은 파도

말없이 놀란 얼굴
영영 돌아오지 않을 거라는 말
숨죽이며 견딜 수 있는 붙잡는 그대 앞에
낯설은
단풍잎 하나
소리내어 붉게 운다

사람을 만나면 먼저 고향의 맛 같은 느낌이 나야 한다. 사람 냄새가 나는 세상에서 살고 싶어진 것이 언제부터인지는 헤아릴 수 없다. 다가오는 사람과 오랫동안 함께 지내려고 해도 그런 사람은 오래 가지 아니한다. 함께 살다보면 오랜 세월에 묻혀 살게 되는 이치는 서로간에 너무 따지지 말고 아픔도 묻어주고 슬픔도 함께 하면서 섭섭한 마음도 가슴에 묻고 사는 일이 바로 천 년을 견디는 노송 같은 형상일 게다. 이것이 사람의 향기가 아니겠는가?

—「존재의 춤인 시 한 줄을 위하여」에서

# 서른 여섯 편의 사랑노래

초판 인쇄 2014년 3월 15일
초판 발행 2014년 3월 20일

엮은이 / 박 진 형
펴낸이 / 박 진 환

펴낸 곳 / 만인사
출판등록 / 1996년 4월 20일 제03-01-306호
주소 / 700-813 대구광역시 중구 명륜로 116
전화 / (053)422-0550
팩스 / (053)426-9543
전자우편 / maninsa@hanmail.net
홈페이지 / www.maninsa.co.kr



ISBN 978-89-6349-061-8 03810

값 8,000원



* 이 도서의 국립중앙도서관 출판시도서목록(CIP)은 서지정보유통지원시스템 홈페이지(http://seoji.nl.go.kr)와국가자료공동목록시스템(http://www.nl.go.kr/kolisnet)에서 이용하실 수 있습니다(CIP제어번호:CIP2014007316).